Patrick Köck

„Der WAU Effekt". Analyse der bestehenden, klassischen Kommunikationskampagne von Volkswagen

GRIN Verlag

Bibliografische Information der Deutschen Nationalbibliothek:

Die Deutsche Bibliothek verzeichnet diese Publikation in der Deutschen National-
bibliografie; detaillierte bibliografische Daten sind im Internet über http://dnb.d-
nb.de/ abrufbar.

Impressum:

Copyright © 2014 GRIN Verlag GmbH
Druck und Bindung: Books on Demand GmbH, Norderstedt Germany
ISBN: 978-3-656-94410-2

Dieses Buch bei GRIN:

http://www.grin.com/de/e-book/296297/der-wau-effekt-analyse-der-bestehenden-
klassischen-kommunikationskampagne

GRIN - Your knowledge has value

Der GRIN Verlag publiziert seit 1998 wissenschaftliche Arbeiten von Studenten, Hochschullehrern und anderen Akademikern als eBook und gedrucktes Buch. Die Verlagswebsite www.grin.com ist die ideale Plattform zur Veröffentlichung von Hausarbeiten, Abschlussarbeiten, wissenschaftlichen Aufsätzen, Dissertationen und Fachbüchern.

Besuchen Sie uns im Internet:

http://www.grin.com/

http://www.facebook.com/grincom

http://www.twitter.com/grin_com

Ostbayerische Technische Hochschule Regensburg

Studiengang: Betriebswirtschaft (berufsbegleitend)

Studienarbeit: Klassische Kommunikationspolitik

Aufgabenstellung:

Analyse der bestehenden klassischen Kommunikationskampagne von
Volkswagen „Der WAU Effekt".

Verfasst von:

Patrick Köck

Dornbirn, den 07.04.2014

Inhaltsverzeichnis

Analyse und Definition der Marke Volkswagen 4

Mikroumwelten..4

Makroumwelten 4

Definition der Volkswagen-Kampagne gemäß Neuromarketing-Erkenntnisse 5

Erläuterung der Kommunikationsreize 5

Definition der Eigenschaften und Positionierung im Emotionssystem 6

Beschreibung der kommunikationspolitischen Entscheidungsfelder 8

Erstellung eines Agenturbriefing für das Unternehmen Volkswagen.........................9

Festlegung der strategischen Ausrichtung 10

Nach Produktpositionierung...10

An der Erwartungen der Zielgruppen...10

Am Kundenlebenszyklus 11

Am Produktlebenszyklus..11

Nach gewählter CRM-Strategie 11

Konkrete und anschauliche Ausgestaltung des Markensteuerrades........................12

Umsetzung der Kommunikationskampagne von Volkswagen....................................14

Beschreibung der Werbebotschaft mittels Sozialtechniken 14

Definition der Mediastrategie 14

Erstellung einer Budgetierung für einen TV-Spot 15

Erstellung eines Mediaschaltplans...16

Kommunikationsprozesse 17

Kommunikation 1.0 17

Kommunikation 2.0 18

Kommunikation 3.0 18

Abbildungsverzeichnis

Abb. 1:   Limbic-Map, Häusel Hans-Georg, Brain Script (2010), S. 30

Abb. 2:   Markensteuerrad, Franz-Rudolf Esch, www.esch-brand.com

Abb. 3:   Beispiel für eine Anzeige aus dem Online-Magazin „vau-max.de"

Analyse und Definition der Marke Volkswagen
Mikroumwelten

Die Mikroumwelt definiert sich aus den vier internen Einflussfaktoren Kunden, Wettbewerber, Lieferanten und Kapitalgeber. [1] Volkswagen bietet ein sehr breites Produktprogramm an, daher hat das Unternehmen eine Vielzahl an unterschiedlichen Kunden. Dazu zählen Großkunden, Gewerbekunden, Kommunen und Behörden, Menschen mit Behinderung, Blaulichtdienste und der mittelständige Konsument. [2] In der Automobilindustrie besteht ein Überangebot an Herstellern. Um nur einige zu nennen: Opel, Mercedes, BMW und Toyota. Das Unternehmen bildet mit seinen weltweiten Lieferanten ein starkes Team. Zu den besonders innovativen und verlässlichen Lieferanten zählen A&P Solutions (Mexiko), Principle Plastics (Südafrika), Pirelli (Italien) und Valeo GmbH (Deutschland). [3] Die Volkswagen AG schöpft ihr Kapital sowohl aus Eigen- als auch aus Fremdfinanzierung. Beim Unternehmen Volkswagen handelt es sich um eine Kapitalgesellschaft, deren Grundkapital in Aktien zerlegt ist. Die Aktien werden an der Börse gehandelt. Kommt es dabei zu einem Verkauf der Aktie an einen Gläubiger, erhält das Unternehmen dafür den Wert der Aktie.

Makroumwelten

Die Makroumwelt wird in vier Bereiche gegliedert. Diese werden auch als Umfelder des Unternehmens bezeichnet. Zu den Makroumwelten zählen die politischen, wirtschaftlichen, sozialen und technologischen Umweltbedingungen. [4] Bei einer Veränderung dieser externen Faktoren eröffnen sich Chancen und Risiken, die das Unternehmen beachten muss. Das Unternehmen selbst kann jedoch nur in sehr geringem Umfang die Umweltbedingungen beeinflussen. Besonders relevante Beispiele für politische Umweltbedingungen ist die Auflage von verschiedenen Klimaschutzrichtlinien. Die Fahrzeuge dürfen nur einen bestimmten Wert an CO_2-Emmissionen in die Umwelt ausstoßen. Bei der Analyse der wirtschaftlichen Umwelt gibt das Unternehmen eine Strategie vor.

In dieser wird festgelegt, dass das Unternehmen den Absatz auf mehr als 10 Mio. Fahrzeuge pro Jahr anheben möchte und dass das Unternehmen durch den Einsatz

---

[1] Hungenberg & Wulf: Grundlagen der Unternehmensführung (2011), S.176-179

[2] http://www.volkswagen-nutzfahrzeuge.de/de/kundenloesungen.html

[3] http://www.volkswagenag.com/content/vwcorp/info_center/de/news/2013/06/suppliers.html

[4] Hungenberg & Wulf: Grundlagen der Unternehmensführung (2011), S.176-179

von intelligenten Innovationen und Technologien bei der Kundenzufriedenheit und der Qualität weltweit führend sein möchte. [5] Über 570.000 Menschen sind für Volkswagen tätig. [6] Die sozialen Umweltbedingungen setzen für die Arbeiter einen Standard für gute Arbeit. Sowohl auf die Einstellung als auch auf die Verhaltensweise jeden Mitarbeiters ist einzugehen. Weiters ist auch deren Gesundheit und Kompetenz zu fördern.

Definition der Volkswagen-Kampagne gemäß Neuromarketing-Erkenntnisse

Erläuterung der Kommunikationsreize

Die Kommunikationspsychologie unterscheidet zwei Arten von Reize:

- Innere Reize
- Äußere Reize [7]

Innere Reize entstehen beispielsweise durch die Einnahme von Koffein. Dabei wird die Stimmung, Konzentration und Aufmerksamkeit des Menschen verbessert. Aber auch durch das Essen von Schokolade werden Reize im Körper geweckt. Sie soll glücklich machen, euphorisierend wirken, Leistung und Durchblutung steigern. Bei der Volkswagen-Kampagne können keine inneren Reize geweckt werden. Im Gegensatz dazu werden äußere Reize in vier Arten gegliedert. Das Unternehmen zielt auf emotionale, erotische, kognitive und physische Reize.

Die emotionale Reizwirkung ist für eine erfolgreiche Kommunikation von großer Bedeutung, da sie Gefühle und Motive des Empfängers weckt. Bei der VW-Kampagne wird eindeutig ein Pflegeverhalten eingesetzt. Das Herrchen muss sich in Form des Gassi Gehens, um seinen Hund kümmern. Unzählige Zuseher können sich mit dieser Werbung identifizieren, weil der Hund zu den beliebtesten Haustieren zählt. Erotische Reize werden in dieser Kampagne von Volkswagen nicht eingesetzt. Die Zurschaustellung von leichtbekleideten Models weckt beim Empfänger starke Reize, trotzdem hat Volkswagen auf diese Art von Reiz verzichtet. Womöglich um das Risiko der Ablenkung und der Irritation auf das Produkt zu verhindern. Kognitive Reize verstoßen gegen die Erwartungen des Konsumenten. In der Volkwagen-Kampagne wird voll und ganz auf einen kognitiven Reiz gesetzt, denn das Bellen und

---

[5] http://www.volkswagenag.com/content/vwcorp/content/de/the_group/strategy.html

[6] http://de.wikipedia.org/wiki/Volkswagen_AG

[7] Tscholl A., Skriptum: Klassische Kommunikationspolitik, Folie 13

Knurren des Hundes hört sich wie ein Auto an. Diese Laute erstrecken sich von Anfang bis hin zum Ende des TV-Spots und wirken auf den Zuseher widersprüchlich und überraschend, da ein gedanklicher Konflikt besteht. Gleich zu Beginn des TV-Spots erscheint die erste physische Reizwirkung in Form eines Mailings „Der WAU Effekt". Der Slogan bedeckt den ganzen Bildschirm und ist in der allgemeingültigen weißen Schriftart auf schwarzem Hintergrund geschrieben. Die typischen Hundelaute werden in einer eher kräftigen Lautstärke gespielt. Als Zuseher merkt man relativ rasch, dass es sich um keine richtigen Hundegeräusche handelt. Die Geräusche wie zum Beispiel knurren, winseln und hecheln sollen ein Volkswagenauto verkörpern. Im Hintergrund wird eine leise Musik eingespielt, die sehr gemütlich wirkt. Als das Auto von Volkswagen das erste Mal auf dem Bildschirm aufscheint, wird zeitgleich auch die Musik ein wenig lauter und wechselt auch rhythmisch. Fast schon am Ende wird nochmals der Slogan „Der WAU Effekt" eingeblendet und darüber hinaus wird auch informiert, dass das Unternehmen Jubiläum feiert und beim Kauf eines Volkswagen einen Preisvorteil von bis zu € 4.800.- dem Kunden angeboten wird. Als witziger Einfall zum Schluss des Spots fällt ein Kissen auf den schlafenden Hund und sein Bellen ist gleich wie die Signale der Alarmanlage eines VW-Fahrzeuges.

Definition der Eigenschaften und Positionierung im Emotionssystem

Es gibt drei grundlegende Emotionssysteme im Gehirn des Kunden. Diese „Big 3", so werden sie auch genannt, beschreiben alle Kaufmotive, Bedürfnisse, Wünsche und Werte der Kunden.[8]

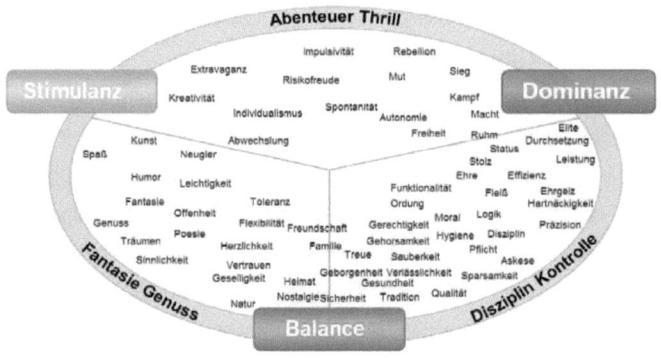

Abb. 1:   Limbic-Map, Häusel Hans-Georg, Brain Script (2010), S. 30

---

[8] Häusel H., Brain Script (2005), S. 31, 34-36

- **Balance-System:**

Dieses System hat den bedeutendsten Einfluss auf das Handeln des Kunden. Der Kunde strebt nach Ruhe, Geborgenheit und Sicherheit. Gefahren und Unsicherheiten geht er aus dem Weg. Er empfindet ein Glücksgefühl, wenn alles unverändert und im Gleichgewicht bleibt. Befehle des Balance-Systems sind:

  o Vermeidung von Gefahren, Störungen und Unsicherheiten
  o Aufbau von Gewohnheiten und dessen Beibehaltung
  o Streben nach Stabilität

- **Stimulanz-System:**

Bei diesem System sucht der Kunde nach Neuem und hat den Wunsch nach Individualität. Der Konsument versucht Unbekanntes zu entdecken und anders zu sein als die Masse. Befehle des Stimulanz-Systems sind:

  o Vermeidung von Langeweile und Suche nach unbekannten Reizen
  o Entdeckung und Erforschung der Umwelt
  o Sei anders als wie gewohnt und suche die Abwechslung

- **Dominanz-System:**

Beim Dominanz-System strebt der Mensch nach Macht und Anerkennung. Weiters hat er es gezielt auf die Verdrängung der Konkurrenz abgesehen, um eine Überlegenheit und Autonomie zu entwickeln. Befehle des Dominanz-Systems sind:

  o Verdrängung der Konkurrenz
  o Erweiterung der eigenen Macht
  o Durchsetzung und sei besser als alle Anderen

Die Volkswagenkampagne „Der WAU Effekt" gehört in das System der Balance. Die Kommunikationskampagne ist auf Bindung gerichtet, da sie mit dem 40-jährigen Jubiläum werben. Dabei strebt das Unternehmen nach Stabilität, Geborgenheit und Sicherheit. Dass der Golf sein Jubiläum feiert ist auch ein Zeichen von Treue und Tradition.

Beschreibung der kommunikationspolitischen Entscheidungsfelder

Es gibt eine Vielzahl an Entscheidungsfeldern die man berücksichtigen muss, um das Maximum einer guten Kommunikation zu erreichen.

- **Ziele:**[9]

Das Unternehmen Volkswagen zielt bei der „Der WAU Effekt"-Kampagne in erster Linie auf eine Absatzmengensteigerung, sowie auf eine gute Positionierung der Marke auf dem Konkurrenzmarkt. Ein weiteres bedeutendes Ziel ist die Erhöhung der Unternehmensbekanntheit und die Beibehaltung des guten Images der Automarke.

- **Zielgruppen:**

Volkswagen spricht mit seinem großen Sortiment eine ebenso große Menge an Kunden an. Grund genug um verschiedene Modelle für unterschiedliche Zielgruppen anzubieten, damit alle potentiellen Kunden das für sie ideale Fahrzeug erwerben können.

- **Inhalte:**

Dabei wird beschrieben, welche Information durch die Kommunikation zum Kunden gelangen soll. Bei der aktuellen VW-Kampagne feiert der Golf sein 40-jähriges Bestehen. Aus diesem Grund wird dem Kunden ein Jubiläumsangebot angeboten.

- **Instrumente:**

Kommunikationsinstrumente werden eingesetzt, um die Botschaft an die Zielgruppe zu übermitteln. Beispiele für solche Instrumente sind Werbebriefe, Public Relations, Sponsoring, Verkaufsförderungen, Direktmarketing und Ausstellungen. Die Kampagne legt ihren Schwerpunkt auf die TV-Werbung.

- **Medien und Systeme:**

Medien sind Hilfsmittel, um die Adressaten der Werbebotschaft zu erreichen. Das Hauptaugenmerk setzt Volkswagen bei der Kampagne auf den TV-Spot. Aber auch auf der Webseite wird „Der WAU Effekt" platziert. Andere Medien sind Radio, Plakate, Zeitungen und Flugblätter.

---

[9] http://de.wikipedia.org/wiki/Kommunikationspolitik_%28Marketing%29

Erstellung eines Agenturbriefing für das Unternehmen Volkswagen[10]

Ausgangslage

Der Automobilhersteller Volkswagen feiert den Golf. Bereits seit 40 Jahren ist dieses Automodell in der Produktpalette von VW präsent. Zugleich ist Volkswagen der am meist gefahrene PKW in Deutschland.[11] Um dieses Ergebnis zu erzielen hat das Unternehmen bisher Werbemaßnahmen, wie beispielsweise die Erstellung von Fernsehspots, firmeneigenen Newsletter und die Nutzung von sozialen Netzwerken, erfolgreich eingesetzt.

Zielsetzung

Kerngedanke der gesamten Kampagne ist das langwierige Modell als eine Prämisse für Treue und Tradition zu positionieren. Ebenso sollte sich die Markenbekanntheit weiterhin positiv entwickeln. Dabei sollte der gewöhnliche PKW-Fahrer angesprochen werden. Nachdem die Kampagne groß aufgezogen wird und VW eine weltweite Automarke ist, ist das Zielgebiet der gesamte deutschsprachige Raum.

Strategie/Vorgehen [12]

Die Strategie ist auf die Produktpositionierung und auf den Produktlebenszyklus ausgerichtet. Das Vorgehen startet mit einem marktforscherischen Blick auf die jetzig bestehende Positionierung am Markt. Demnach wird der Wert zur Gänze auf die herausragend lange Lebensdauer des Golfes gelegt.

Maßnahmen

Das Setzen von Meilensteinen:	Dauer:
• Ist-Aufnahme erarbeiten	1 Woche
• Planung der Kommunikationskampagne	2 Wochen
• Konzeption der Kampagne	4 Wochen
• Kontrolle und Überarbeitung	2 Wochen
• Freigabe der angefertigten Werbekampagne	anschließend

Organisation

Die Verantwortlichkeit und die Kompetenz werden zur Gänze an eine Full-Service-Agentur übergeben. Dadurch fallen keine internen Aufgaben an. Die Full-Service-

---

[10] http://www.absatzwirtschaft.de/pdf/Checkliste_Briefing_Werbeagentur.pdf

[11] http://de.wikipedia.org/wiki/Wirtschaftszahlen_zum_Automobil#PKW-Bestand_nach_Automarken

[12] Winkelmann P., Marketing und Vertrieb (2008), S. 409

Agentur besteht aus einer Marketing-, Werbe- und Mediaagentur und aus sonstigen Dienstleistern. Auftraggeber der Kommunikationskampagne ist das Unternehmen Volkswagen.

Budget

Das Unternehmen stellt ein Budget von € 500.000.- für die Kampagne bereit.

Kontrollen

Um die Zielsetzung zu verwirklichen, ordnet das Unternehmen ein Berichtswesen an. Die Werbeagentur muss wöchentlich ein Protokoll an das firmeneigene Controlling liefern. Das Controlling überprüft den Einklang zwischen dem Fortschritt der Kampagne und dem Kampagnenziel.

Festlegung der strategischen Ausrichtung [13]

Nach Produktpositionierung [14]

Ausgangspunkt ist eine Marktforschung über die aktuelle und zukünftige Positionierung des Golfes, inklusive eines Vergleiches zu den Mitwerbern. Dies wird in Form eines Positionierungsverfahrens durchgeführt. Aufgabe dabei ist es, die Stelle des Golfes im Nutzenraum der Käufer aufzuspüren und ebenso die Konkurrenzprodukte abzubilden. Die ideale Produktpositionierung ist, wenn die Positionierung des Golfes sich mit der Wunschposition der Käufer deckt.

An der Erwartungen der Zielgruppen

Um den Erfolg einer Kampagne zu garantieren, muss die Werbung die richtige Zielgruppe ansprechen. Jede Zielgruppe hat unterschiedliche Erwartungen an das Produkt.

Faktoren weshalb Käufer sich von einem Produkt angezogen fühlen sind:

- **Nutzenerwartungen:** Der Kunde erwartet sich einen höheren Nutzen.
- **Identität:** Kunde möchte durch den Kauf seinen persönlichen Lebensstil zum Ausdruck bringen.
- **Programmierungen:** Kaufentscheidungen der Kunden wurden bereits in jungen Jahren durch das Elternhaus oder die Schule angelernt.

---

[13] Winkelmann P., Marketing und Vertrieb (2008), S. 409-411
[14] Winkelmann P., Marketing und Vertrieb (2008), S.191

- **Normen:** Beim Kauf löst der Kunde einen inneren Konflikt aus.
- **Emotionen:** Gefühle und Motive werden beim Käufer geweckt.

Am Kundenlebenszyklus

Dabei orientiert sich die Kampagne an der dynamischen Kundenentwicklung.

Es gibt zwei verschiedene Konzepte:

- **Kundenstatus-bezogene Kampagne:**
  Dieses Konzept wird dazu eingesetzt, um neue Kunden zu gewinnen, Kundenloyalität zu steigern und um Kunden zurück zu gewinnen.

- **Alterszyklen:**
  Bei diesem Konzept will das Unternehmen seinen Kunden über viele Jahre hin begleiten. Das Unternehmen kann so für jede Lebenszyklusphase eines Kunden angepasste Angebote anbieten. Beispielsweise verkauft man einem Jugendlichen eine Microsoft X-Box One und sobald er im Berufsleben ist, wechselt er in die Zielgruppe für ein Microsoft Surface.

Am Produktlebenszyklus

Bei dieser strategischen Ausrichtung stehen dynamische Aspekte im Fokus. Diese begleiten das Produkt über deren Markt- und Lebenszyklen.

Zu unterscheiden sind Werbekampagnen zur:

- Marktvorbereitung
- Markteinführung
- Bewerbung von Produktverbesserungen
- Bewerbung von Produktdifferenzierungen

Zu beachten ist bei der Kampagnenausrichtung am Produktlebenszyklus, dass man den richtigen Mix für das gesamte Leistungsprogramm bestimmt.

Nach gewählter CRM-Strategie

Das Customer Relationship Management besteht aus zwei bedeutenden Teilen:

- **Customer Relationship Sales**
  Beschreibt die herkömmliche Vertriebssteuerung und ist sehr beziehungsorientiert.

- **Customer Relationship Communication**
  Beschreibt die Kommunikation mit den werthaltigen

Kundenbeziehungen.

Das Ziel jedes Unternehmen ist es, die Erfolgselemente von CRM bestmöglich in die Kundenkommunikation einfließen zu lassen.

Konkrete und anschauliche Ausgestaltung des Markensteuerrades

Was bietet die Marke?

Nutzenversprechen der Marke

- Funktionaler Nutzen
- Psychosozialer Nutzen

Wie ist die Marke?

Emotionen und Gefühle, verknüpft mit der Marke

- Persönlichkeitsmerkmale
- Markenerlebnisse
- Markenbeziehungen

Über welche Eigenschaften verfügt die Marke?

Attribute, die das Nutzenversprechen stützen

- Eigenschaften der Angebote
- Eigenschaften des Unternehmens

Wie tritt die Marke auf?

Alle wahrnehmbaren modalitätsspezifischen Eindrücke

- Sehen
- Fühlen
- Riechen
- Hören
- Schmecken

Abb. 2.: Markensteuerrad, Franz-Rudolf Esch, www.esch-brand.com

Was bietet Volkswagen?

Der funktionale Nutzen ist der individuelle Transport von A nach B. Aller über den reinen Transport hinausgehender technisch-funktionale Nutzenkomponente des Fahrzeuges, wie zum Beispiel hohe Sicherheitsstandards, besondere Umweltfreundlichkeit, gehören zum Zusatznutzen. Unter den psychosozialen Nutzen fällt die Befriedigung des Schönheitsempfindens bei der Betrachtung von Form und Farbe des Fahrzeuges, sowie die soziale Anerkennung oder Aufwertung durch den Kauf.

Wie ist die Marke Volkswagen?

Wie jede Marke, weckt auch Volkswagen beim Verbraucher Emotionen und Gefühle. Die Marke Volkswagen löst beim Käufer ein Gefühl von Sicherheit, Heimat, Verlässlichkeit und Geborgenheit aus. Weiters verbindet der Kunde mit Volkswagen eine langwierige Tradition.

Über welche Eigenschaften verfügt Volkswagen?

Volkswagen verfügt über ein sehr großes Produktprogramm. Die bedeutendsten Eigenschaften des deutschen Automobilherstellers sind Verlässlichkeit, Hochwertigkeit und Präzision. Das Unternehmen besteht seit über 75 Jahren, deshalb identifiziert es sich als ein Teil von „Made in Germany".

Wie tritt die Marke auf?

Das Unternehmen setzt auf folgende modalitätsspezifischen Wahrnehmungen:

- **Sehen**

  Die neusten Fahrzeugmodelle werden im Schaufenster ausgestellt, sodass die Aufmerksamkeit von potentiellen Kunden schnell geweckt werden kann.

- **Fühlen**

  Dem Kunden wird vor dem Kauf eine Testfahrt angeboten. Bei dieser kann er schon ein erstes Gefühl für sein zukünftiges Fahrzeug entwickeln.

- **Hören**

  Wie laut der Motor bei Inbetriebnahme des Fahrzeuges ist, ist für den Kunden ebenso ein wichtiger Eindruck, wie der, wie sich der Motor bei hoher Drehzahl anhört.

- **Riechen**

  Jeder Neuwagen von Volkswagen besitzt einen besonderen Geruch.

Auch der Geruch der Ausstattung ist für einen Käufer durchaus als sehr angenehm zu empfinden. Diese Eindrücke können den Kunden zum Kauf bewegen.

Umsetzung der Kommunikationskampagne von Volkswagen

Beschreibung der Werbebotschaft mittels Sozialtechniken

Damit die Werbebotschaft beim Kunden erfolgreich ankommt, muss der TV-Spot die Aufmerksamkeit des Kunden wecken. Dies schafft Volkswagen hauptsächlich durch den Einsatz von zahlreichen physischen und emotionalen Reizen. Bei Autos ist das Involvement auf Grund der Wichtigkeit und Risikomöglichkeit für den Kunden sehr hoch. Weiters ist es von großer Bedeutung, wenn die Werbung vom Zuseher nicht als Werbung empfunden wird, sondern als eine Art Unterhaltung. Damit das Unternehmen die Aufmerksamkeit auf sich zieht, bedarf es einer Aktivierung der Reize. Aktivierungstechniken sind speziell bei passiven Kunden, die einen geringen Informationsbestand haben, von hoher Bedeutung.

Definition der Mediastrategie

Damit die Botschaft bestmöglich beim zukünftigen Käufer angelangt, setzt das Unternehmen auf die periphere Werbestrategie. Das Involvement spielt dabei keine Rolle. Auch auf die Motivation und auf das Produktwissen wird bei der peripheren Werbestrategie nicht eingegangen. Man betont bei dieser Strategie hauptsächlich Farbe, Form, Musik und Kamerawinkel. Volkswagen weckt die Aufmerksamkeit der Seher vor allem durch die Musik und die Laute des Hundes, die sich wie ein VW-Fahrzeug anhören. Ebenso setzt Volkswagen auf eine gekonnte Kameraführung, sodass das Auto im perfekten Winkel zu sehen ist. Das Pendant zur peripheren Strategie ist die zentrale Werbestrategie.

Erstellung einer Budgetierung für einen TV-Spot [15]

Grundsätzlich gibt es zwei Methoden zur Erstellung einer Budgetierung:

- **Wirkungsgestützte Budgetierungsmethode:**

  Unterstellung eines Zusammenhangs zwischen Kommunikationsbudget und einer angestrebten Zielgröße.

- **Nicht-Wirkungsgestützte Budgetierungsmethode:**

  Entscheidung auf Basis von Erfahrungen aus der Vergangenheit.

Für die Ausarbeitung der Budgetierung für einen TV-Spot wird hier die Methode der Nicht-Wirkungsgestützten Budgetierung eingesetzt.

Diese Methoden beruht auf Basis der folgenden vier Planungskennziffern:

1. **Ausrichtung an den verfügbaren finanziellen Mitteln:** Die Budgethöhe wird an den zu Verfügung stehenden liquiden Finanzmittel ausgerichtet.

2. **Ausrichtung am Umsatz:** Die Höhe des Budgets orientiert sich am gesamten Umsatz des Unternehmens.

3. **Ausrichtung am Gewinn:** Das Unternehmen orientiert sich an der Höhe des erwirtschafteten Gewinns.

4. **Ausrichtung an den Werbeaufwendungen der Konkurrenz:** Der Fokus liegt auf den Werbeausgaben der Konkurrenz. Das eigene Budget wird daran angepasst.

Budgetierungsbeispiel:

Planungskennziffer	Höhe des Werbebudgets
zu 1	12 % der Finanzmittel
zu 2	6 % des Umsatzes
zu 3	10 % des Gewinns
zu 4	100% der Konkurrenz

---

[15] http://de.wikipedia.org/wiki/Budgetierung_%28Kommunikationspolitik%29

Erstellung eines Mediaschaltplans

Einschaltplan vom 01.01.2014 - 30.06.2014

Kampagne: Volkswagen "Der WAU Effekt."

Printanzeige	Format	Jänner					Februar				März				April					Mai				Juni			
		1	8	15	22	29	5	12	19	26	5	12	19	26	2	9	16	23	30	7	14	21	28	4	11	18	25
Tageszeitung:																											
- NRW Tageszeitung	1/4 Seite																										
- Kronen Zeitung	1/4 Seite																										
Wochenmagazine																											
- Österreich Kombi	1/2 Seite																										
- Weekend Magazin	1/2 Seite																										
- Ganze Woche	1/2 Seite																										
Special Interest:																											
- Auto Touring	Ganze Seite																										
- Auto Revue	Ganze Seite																										
- Freie Fahrt	Ganze Seite																										
Summe:		8	5	3	2	5	3	3	3	2	5	3	3	0	5	3	3	0	3	5	3	2	3	5	3	6	8
Gesamt:		**94**																									

Zu Beginn der Kommunikationskampagne von Volkswagen findet ein hoher Werbedruck statt. Grund dafür ist, dass die Botschaft der Kampagne erst einmal beim Empfänger ankommen muss. Damit es nicht nur ein Kurzauftritt des Unternehmens ist, wird nach der Anfangsphase auf eine eher kontinuierliche Art des Werbeeinsatzes gewechselt. Ziel ist es nämlich, die Werbewirkung zu untermauern. Gegen Ende des Zeitablaufs wird nochmals verstärkt die Werbekampagne geschaltet, um beim Empfänger nicht in Vergessenheit zu geraten und um dem Empfänger abermals die Werbebotschaft des Unternehmens zu verdeutlichen.

Kommunikationsprozesse
Kommunikation 1.0 [16]

Diese Art von Kommunikation wird auch als Einweg-Kommunikation bezeichnet. Die Werbebotschaft wird dabei über einen einzigen Kommunikationskanal an den Empfänger gesendet. Eine Rückmeldung des Empfängers ist daher unmöglich.

Damit diese Art zum Erfolg führt, müssen der Sender und der Empfänger über dieselbe Sprache verfügen. Wichtig ist zudem, dass die Botschaft die kognitive, affektive und konative Bewusstseinseben anspricht.

Verwendete Kommunikationskanäle für die Kommunikation 1.0 sind:

- TV-Spot
- Radio
- Brief
- Werbespot im Kino
- Zeitungen und Zeitschriften
-

Volkswagen verwendet hauptsächlich TV-Spots und Anzeigen in Zeitschriften und Magazinen. Brandaktuell ist der TV-Werbespot „Nur Gassi gehen ist sparsamer. Die sparsamen Modelle von Volkswagen."

Beispiel für eine Anzeige in einem Online-Magazin:

Abb. 3: Beispiel für eine Anzeige aus dem Online-Magazin „vau-max.de"

---

[16] Winkelmann P., Marketing und Vertrieb (2008), S. 403-404

Kommunikation 2.0 [17]

Beim Kommunikationsprozess 2.0 wird dem Empfänger hingegen die Chance auf eine Reaktion eingeräumt. Dieses Kommunikationsmodell wird auch als das Modell der Dialog-Kommunikation bezeichnet. Um eine Reaktion oder einen Dialog dem Empfänger anzubieten, muss der dazu nötige Kanal verwendet werden. Weiters ist es von großer Bedeutung, dass es Anreize für schnelle Reaktionsmöglichkeiten gibt. Geeignete Kommunikationskanäle für die Kommunikation 2.0 sind:

- Newsletter
- Telefon
- E-Mail
- Mailing
- Internet

Das Unternehmen Volkswagen nutzt einige Kanäle des Kommunikationsprozesses 2.0. Beispielsweise kann sich jeder Interessent auf der firmeneigenen Webseite sich kostenlos für den monatlichen Newsletter anmelden. VW stellt den Kunden ebenso eine kostenfreie Hotline zur Verfügung.

Kommunikation 3.0

Der große Hype über die Social Media Plattformen ging an den Unternehmen nicht vorbei. So ist auch der Automobilhersteller Volkswagen auf unterschiedlichen sozialen Netzwerken vertreten, ebenso wie alle anderen Automobilhersteller. Die Kommunikation 3.0 zeichnet sich dadurch aus, dass der Kunde in seiner gewohnten Social Media Umgebung mit den Unternehmen kommunizieren kann. Das Unternehmen ist daher ein Teil der Community des Kunden und führt Dialoge auf Augenhöhe.

Um den Kundendienst noch besser zu etablieren, verwendet Volkswage gezielt die beiden stärksten Social Media Plattformen Facebook und Google+.

---

[17] Winkelmann P., Marketing und Vertrieb (2008), S. 404